Takt und Ton im geselligen Verkehr nebst Kommandos der Quadrille à la cour und der Française

Richard Rödiger

Alpha Editions

This edition published in 2022

ISBN : 9789356788954

Design and Setting By
Alpha Editions
www.alphaedis.com
Email - info@alphaedis.com

Contents

Vorwort.

Vielen an mich gerichteten Wünschen nachkommend, habe ich dieses Büchlein verfaßt, nicht um eine erschöpfende Darstellung dessen zu geben, was Sitte und Anstand fordern, sondern nur um meinen Schülern Gelegenheit zu bieten, später wieder nachzulesen, was ihnen während des Unterrichts gesagt und gelehrt wurde. Selbstverständlich habe ich mich möglichst kurz fassen müssen, doch war ich bemüht, alles, was irgendwie nötig ist, zu berühren. Damit hoffe ich den Zweck zu erreichen, daß meine Schüler in zweifelhaften Fällen einen willkommenen Ratgeber und zuverlässigen Führer in diesem Büchlein finden mögen.

Göttingen, im September 1910.

Der Verfasser.

Allgemeine Regeln.

Was ist Anstand? Es ist das Benehmen, wie man es von einem gebildeten, gesitteten und taktvollen Menschen im Verkehr mit seinen Mitmenschen verlangt, entsprechend den durch Gewohnheit und Herkommen festgelegten Sitten und Gebräuchen. Diese Sitten und Gebräuche sind nun in den meisten Ländern verschieden, je nach der Kulturstufe, die die Völker einnehmen. Je weiter eine Nation in der Kultur vorgeschritten ist, um so viel feiner ausgebildet ist auch ihr Gefühl für Anstand und gute Sitte und ihr dementsprechendes Benehmen. Es ist daher Pflicht eines jeden, durch sein eigenes Betragen dahin mitzuwirken, daß seine Nation als auf der höchsten Stufe der Kultur stehend sich vor der Welt zeige. Ich will nun nicht von den verschiedenen Sitten der Kulturvölker sprechen, sondern mich auf diejenigen beschränken, die uns selbst, unser Vaterland berühren. Ich möchte vor allen Dingen vier Haupttugenden als die Grundlage jeder guten Sitte besonders hervorheben: 1. Sittsamkeit, 2. Höflichkeit, 3. Dankbarkeit, 4. Bescheidenheit. Man nehme sich zur Richtschnur, zwei kleine Worte stets zu gebrauchen, und man wird nicht leicht Anstoß im Umgange erregen. Man gebrauche bei jedem Wunsche, auch wenn man befehlen kann, das kleine Wort „bitte“ und vergesse ebensowenig, das andere kleine Wort „danke“ anzuwenden. Der Raum des Büchleins verbietet es, auf die einzelnen Tugenden näher einzugehen;[8] doch möchte ich noch bemerken, daß kein Stand ausgeschlossen, sondern für jeden die Kenntnis und Befolgung des guten Tones nötig ist.

Wodurch erlangt man die nötige Lebensart? Dadurch, daß man sich die Kenntnis alles dessen aneignet, was von einem gebildeten Menschen verlangt wird. Den ersten und besten Unterricht erhält man oder vielmehr sollte man zu Hause in der Familie von Jugend auf erhalten. Dann folgt die Schule, der neben der wissenschaftlichen Bildung auch die Herzens- und Gemütsbildung und damit des Taktgefühls im Verein mit dem Elternhause obliegt. Den letzten gesellschaftlichen Schliff gibt dann der Tanzunterricht und der Verkehr der jungen Damen und Herren unter- und miteinander. „Willst du erfahren, was sich ziemt, so frage nur bei edlen Frauen an“, sagt unser großer Goethe und stellt damit das weibliche Geschlecht als die berufene Lehrmeisterin der guten Sitten hin; allerdings mit der Einschränkung „edle Frauen“; doch bin ich fest überzeugt, daß jede meiner Schülerinnen sich jederzeit bemühen wird, diesen Ehrentitel mit Recht zu verdienen.

Die Körperhaltung.

Die Körperhaltung sei stets eine gerade; denn nichts macht einen häßlicheren und unfeineren Eindruck, als eine nachlässige und falsche Körperhaltung. „Der erste Eindruck ist maßgebend", sagt ein altes Wort, und mit Recht. Denn ein Mensch, der nichts auf seine Haltung und sein Äußeres gibt, zeigt dadurch, daß er nicht die nötige Achtung vor sich selbst und vor andern und deshalb keine Lebensart besitzt. Man vermeide daher in Gesellschaft, den Kopf schief zu halten oder nach vorn herunterhängen zu lassen, den Körper gebeugt zu tragen, die Arme auf der Brust zu kreuzen oder auf den Rücken zu legen oder gar die[9] Hände in die Taschen zu stecken. Man unterlasse es, die Füße breit auseinander zu stellen oder unruhig bald dahin, bald dorthin zu setzen; beim Gehen halte man den Körper ruhig, d. h. ohne steif zu sein, und mache weder zu große noch zu kleine Schritte. Daß die Füße dabei stets auswärts, d. h. die Fußspitzen nach außen gerichtet sein müssen, die Hacken nach innen, versteht sich von selbst; auch setze man immer die Fußspitzen zuerst auf und lasse die Hacken folgen. Beim Sitzen lehne man sich nie an, wenn jemand mit uns spricht oder wir mit jemand sprechen, und halte die Füße nicht unter den Stuhl, sondern vor diesen, und schlage auch nie die Beine übereinander. Auch soll man nicht mit dem Sessel schaukeln. Man strecke sich nicht lang auf dem Sessel aus. Auch setze man sich nicht rücklings auf den Sessel, beuge sich beim Schreiben und Nähen nicht zu tief über die Arbeit und bei Tisch nicht zu weit über den Teller. Mit den Füßen schlenkern und mit dem Sessel hin- und herrücken, ist ebenfalls gegen den guten Ton.

Das Betragen.

Das Betragen sei stets ein sittsames, höfliches und bescheiden zuvorkommendes gegen Jedermann, auch gegen Untergebene, „denn man vergibt sich nichts, ehrt sich selbst damit und erwirbt sich deren Liebe und Achtung!" Diesen Spruch sich fest einzuprägen und in allen Lagen des Lebens streng danach zu handeln, möchte ich ganz besonders der Jugend empfehlen.

Das Alter hat überall den Vortritt, und nach seinen Wünschen und Bestimmungen hat sich die Jugend ständig zu richten. In Gesellschaft suche man sich nie vorzudrängen und durch auffallendes Benehmen Aufsehen zu erregen; auch sei man nie vorlaut, sondern stets bescheiden und[10] fühle sich als Teil der Gesellschaft. Man trage, soviel man kann, zu der Unterhaltung bei, ohne diese etwa allein besorgen zu wollen, und füge sich gern ausgesprochenen Wünschen anderer. Man sei stets freundlich und zeige nie, auch nicht durch den Gesichtsausdruck, daß man etwas nicht gern tut.

Nach diesen ganz allgemeinen Bemerkungen wollen wir das Benehmen bei einzelnen Gelegenheiten etwas näher betrachten.

Zu Hause.

Das Betragen im eigenen Hause sei ebenso und von denselben Grundsätzen beherrscht, wie in der Gesellschaft. Man sei zu seinen Familienangehörigen noch liebenswürdiger, aufmerksamer, diensteifriger als zu Fremden und voll zarter Rücksichtnahme gegeneinander. Macht es doch die Liebe zu den Angehörigen selbstverständlich, daß man diesen mindestens dieselbe Achtung und Rücksicht entgegenbringen muß wie Fremden. Man lasse sich zu Hause nie einfallen, die gute Sitte als einen lästigen Zwang abzuschütteln. Man „bitte" und „danke" zu Hause gerade so oft wie auswärts. Man zeige sich nie seinen Angehörigen in nachlässiger oder mangelhafter Toilette. Zu den Eltern sei man stets ehrerbietig und suche ihre Wünsche schon zu erfüllen, ehe sie ausgesprochen sind. Bruder und Schwester seien stets rücksichtsvoll gegeneinander, und der Bruder sehe in der erwachsenen Schwester stets die Dame.

Auf der Straße.

Hier hüte man sich sehr, durch auffallendes Betragen Aufsehen zu erregen. Man sei immer höflich und grüße[11] die Bekannten, sowohl die der Eltern wie die eigenen. Der Herr grüßt zuerst und zwar durch Abnehmen des Hutes mit der von dem zu Grüßenden abgewandten Hand. Der Hut muß stets so gehalten werden, daß die Öffnung nach dem Körper zu gerichtet wird. Hutgruß erfordert wieder Hutgruß, auch geringeren Personen gegenüber. Alsdann neigt man im Vorüberschreiten Kopf und Oberkörper nach der zu grüßenden Person. Eine Dame grüßt nie zuerst, sondern wartet den Gruß des Herrn ab. Jungen Mädchen steht es wohl an, ältere Herren oder solche, für die sie besondere Achtung haben, wie Geistliche, Lehrer usw. zuerst zu grüßen. Eine ältere Person läßt man stets an der rechten Seite gehen.

Wie grüßt man „deutsch"? Man übt sich zunächst, eine kleine Verbeugung als Gruß zu machen, so wie man in Sälen ohne Hut grüßt. Dann macht man dasselbe, nachdem man vorher die rechte Hand an den Hutrand gelegt hat. Man muß dabei das Gefühl walten lassen, daß das Anblicken der zu grüßenden Person und unser Gesichtsausdruck die Hauptsache ist. Sonst verdreht man leicht den Kopf nach der angelegten Hand, und die Verbeugung wird schief und ungelenk.

Das Anlegen der Hand geschieht leicht mit gleichzeitigem Anheben des Ellbogens, ungezwungen. Die Hand ist natürlich leicht gekrümmt, Daumen und Finger sind geschlossen, die Handfläche nach unten und etwas nach vorn, daß man von vorn in die Hand hineinsehen kann, Zeige- und Mittelfinger liegen an dem Hutrand, etwa neben dem rechten Auge. Man nimmt die Hand hoch, ehe man mit der Verbeugung beginnt, je früher, desto mehr ehrt man den zu Grüßenden. Nach dem Gruß nimmt man sie leicht herunter, ohne, wie die Soldaten, sie in die Luft zu schwenken. Ist die zu grüßende Person rechts, so kann man auch die Hand über das linke Auge an den Hutrand legen, hat man die rechte Hand nicht frei, führt man z. B.[12] eine Dame, so grüßt man mit der linken. War die nichtgrüßende Hand in der Manteltasche, so wird sie herausgenommen. Der Arm bleibt ruhig, natürlich an der Seite hängen. Gehen Herren und Damen zusammen, so geht die Dame rechts. Um die Seite zu wechseln, geht man stets hinter der Dame vorbei. Der Dame läßt man beim Betreten eines Hauses, sowie sonst überall, den Vortritt, ebenso älteren Personen. Nur geht der Herr voran, wenn eine Treppe nicht breit genug ist, um nebeneinander hinaufgehen zu können.

Wie weiche ich aus? Begegnet man als Herr einer Dame oder einem älteren Herrn, so überläßt man diesen beim Ausweichen die Seite nach den Häusern zu; ist der Fußweg zu schmal, um ein bequemes Ausweichen darauf zu ermöglichen, so tritt man von ihm auf den Fahrweg hinüber.

Weicht man aus, so tut man es, wenn nicht andere Gründe dagegen sprechen, immer nach rechts. Tut der Begegnende dies ebenfalls, so kommt man ohne Anstoß aneinander vorüber. Tritt aber doch jenes ärgerliche Hin- und Hertreten ein, so braucht man nur, um der Situation ein Ende zu machen, einen Augenblick stehen zu bleiben. Ungebildeten, rohen Menschen weiche man stets aus, auch wenn es ihre Pflicht wäre, Platz zu machen.

Auf der Reise.

Auf Reisen glaubt oft mancher, sich mehr Freiheiten erlauben zu dürfen, als unter seinen heimischen Bekannten. Allein wer wirklich Lebensart besitzt, wird auch auf der Reise bemüht sein, jede Verletzung des Anstandes zu verhüten. Man sei stets rücksichtsvoll gegen seine Reisegenossen, da diese dasselbe Recht zu beanspruchen haben wie wir. Der Herr sei Damen stets behülflich, wenn er,[13] ohne sich aufzudrängen, ihnen kleine Dienste leisten kann. Bei Partien zu Fuß nimmt der Herr stets den Mantel usw. der Dame und ist mit liebenswürdigem Eifer bemüht, die Partie so angenehm wie möglich zu gestalten. Ein von einer Dame ausgesprochener Wunsch muß einem Herrn stets Befehl sein, den auszuführen er sich beeilt.

Was habe ich beim Fahren im Wagen zu beachten?

Als Herr überläßt man der Dame den Rücksitz des Wagens. Nur wenn man bekannt oder verwandt mit einer Dame ist, darf man die Einladung annehmen, sich neben sie zu setzen.

Der Platz rechts gehört der Dame. Steht der Wagen so, daß der Platz rechts beim Einsteigen der nähere ist, so steigt man entweder rasch vor der Dame ein, oder man geht um den Wagen herum und besteigt ihn von der andern Seite.

Als jüngere Dame hält man es älteren Damen oder vorgesetzten Damen gegenüber ebenso. Ist kein Bedienter da, so öffnet der Herr der Dame den Schlag. Will man im Omnibus oder auf der Straßenbahn seinen Platz einer Dame abtreten, so kann man dies tun, genötigt dazu ist man aber nicht.

Die Vorstellung.

In jeder Gesellschaft verlangt es der gute Ton, daß man sich den unbekannten Personen vorstellen läßt.

In der Regel wird der Hausherr oder ein guter Freund dies schon aus freien Stücken tun, wird es jedoch versäumt, so bitte man darum. Ein Herr wird stets einer[14] Dame vorgestellt; der jüngere stets dem älteren, der niedere Stand stets dem höheren.

Die Vorstellung erfolgt meist mit folgenden Worten:

Gestatten Sie mir, Ihnen Herrn M. vorzustellen — Herr L.; oder: Gestatten Sie, daß ich die Herren miteinander bekannt mache: Herr Kaufmann M. — Herr Baurat L. Oder man sagt auch nur beide Namen der vorzustellenden Personen. Jüngere Personen sind bei der Vorstellung meist etwas ängstlich, sie wissen nicht, wer zuerst vorgestellt werden soll.

Ist kein bestimmter Alters- oder Standesunterschied vorhanden, so stellt man den Hinzukommenden stets den Anwesenden vor; ist deren Zahl sehr groß, so nennt man auch nur den Namen des Hinzukommenden, etwa mit den Worten: „Mein Freund Müller", und dieser stellt sich dann den einzelnen Personen gelegentlich selbst vor, denn nichts ist lächerlicher, als 30–40 Personen-Namen hintereinander herzusagen; der Vorgestellte kann sie ja doch nicht behalten.

Der Besuch.

Der Anstandsbesuch ist das Mittel, durch welches die Gesellschaft in Fühlung untereinander gehalten wird.

Wann ist ein Besuch am Platze? Wenn man Empfehlungen, Grüße zu überbringen hat, oder wenn man sich des Anstandes wegen in bestimmten Kreisen oder Familien einzuführen hat, auch wenn man eingeladen ist zu Familienfesten, oder wenn man für erwiesene Dienste gebührenden Dank aussprechen soll. Ebenso ist ein Besuch nötig, wenn man sich einen Rat holen will. Besuche sind weiter notwendig in Krankheits- und Trauerfällen, aber auch zu Gratulationen, ebenso wenn eine bekannte Familie einen Ort verläßt oder anzieht, ferner beim Antritt einer großen[15] Reise oder bei Rückkehr von einer solchen. Junge Mädchen machen Besuche in Begleitung der Mutter. Antrittsbesuche machen junge Herren, welche eine feste Anstellung erhalten haben und nun selbständig sind, ebenso Ehepaare, wenn sie ihr neues Heim bezogen haben. Persönlich seine Angelegenheiten erledigen, ist immer besser, als dies schriftlich zu tun, Pflicht ist es, auf alle genannten Antrittsbesuche Gegenbesuche zu machen. Wünscht man nicht näher bekannt zu werden, so schiebt man den Gegenbesuch weit hinaus. Der andere wird dadurch genügend unterrichtet sein und die weitere Annäherung nicht aufdringlich suchen.

Erfordert, streng genommen, jeder Besuch einen Gegenbesuch, so gibt es doch auch für diese Regel Ausnahmen. So ist es gestattet, daß ältere Personen gegenüber viel jüngeren, Hochgestellte gegenüber geringer gestellten Leuten, Damen gegenüber Herren den schuldigen Gegenbesuch durch eine Einladung, eine dienstliche Gefälligkeit und Gönnerschaft oder durch eine Aufforderung zu wiederholtem Besuch ersetzen. Macht man in einem Hause Besuch, so entschuldigt man sich ebensowenig, wie derjenige, dem der Besuch gilt, sich bedankt. Ist der Besuch eine Aufmerksamkeit, um sich über das persönliche Befinden zu erkundigen, so ist kein Gegenbesuch notwendig. Willst du bei Vornehmen einen Besuch machen, so melde dich schriftlich an und bitte dabei, man möchte dir die Zeit bestimmen, wann du angenehm bist. Porto für etwaige Postantwort lege bei, wenn du es für notwendig hältst, d. h. wenn der Betreffende dir fremd ist.

Wirst du eingeladen, so folge der Einladung und sei präzis im Kommen. Bist du abgehalten, so begründe dein Fernbleiben.

Bei Krankenbesuchen erkundige dich nach der passenden Besuchszeit, mache den Besuch kurz ab und rege den Kranken nicht durch vieles Sprechen auf. Sende dem[16] Kranken Blumen, wenn Genesung eingetreten ist. Dieses ist die größte Aufmerksamkeit. Getränke und Speisen sende nur, wenn diese der Kranke genießen kann. Erkundige dich vorher hierüber. Die

Besuchszeit ist sehr verschieden. Mache den Besuch vor Tisch, vorausgesetzt, daß die Person um diese Zeit abkömmlich ist. Wenn dies nicht der Fall ist, so mache deine Besuche nach Tisch. Erkundige dich vorher, wann gespeist wird und ob es angenehm ist, daß man vorspricht. An Festtagen macht man keine Besuche, ohne gebeten zu sein. Vermeide womöglich, am Sonnabend (Samstag) Besuche zu machen. In Geschäftsangelegenheiten besucht man zur Geschäftszeit. Ärzte, Notare und andere Beamte haben ihre bestimmten Sprechstunden. Bist du im Hause angekommen, so laß dich melden. Zweckmäßiger aber ist es, man überreicht die Visitenkarte und sagt stets deutlich, wem der Besuch gilt.

Ein junger Herr läßt sich nie bei der Tochter des Hauses melden, und diese empfängt in der Abwesenheit der Mutter keine Besuche, es sei denn von älteren Herren, welche im vertraulichen Verkehr mit der Familie stehen. Eine Ausnahme ist nur gestattet, wenn die Tochter nicht mehr ganz jung ist und als selbständiges Glied in der Gesellschaft gilt. Ist man nicht angenommen worden, so wiederholt man den Besuch nicht, sondern gibt, wenn nötig, eine schriftliche Mitteilung. Eine Dame macht einem Herrn nie einen Besuch, der seiner Person gilt. Sie sucht den Arzt und Rechtsanwalt in der Regel stets in Begleitung einer Dame auf. Wenn keine ernsten Absichten obwalten, soll ein junger Herr in einem Hause, in dem Töchter sind, nicht zu oft Besuch machen, denn dies ist für die Damen unangenehm. Ist niemand zu Hause, so läßt man seine Visitenkarte zurück. Soll der Besuch einer Familie gelten, dem Herrn und der Frau Gemahlin, so gibt man zwei Karten ab; gilt er auch der[17] Tochter, dann drei Karten. Mehr Karten werden nicht zurückgelassen. Manche Leute haben den Brauch, bei einfachen Visiten den linken Rand unten umzubiegen, wenn die Herrschaften nicht zu Hause waren, um den Beweis zu geben, daß man persönlich da war. Der ganze linke Rand der Visitenkarte wird nach oben gebogen, wenn es nur einen einfachen Besuch galt. Der ganze rechte Rand wird nach unten gebogen, wenn man gekommen war, um seine Teilnahme an irgend etwas zu bezeugen. Die Visitenkarte soll einfach sein. Auch soll sie so bedruckt oder geschrieben sein, daß man genau weiß, welche Person da war. Unten links soll der Wohnort stehen, rechts die spezielle Angabe der Wohnung. Eine Frau wird ihre Visitenkarte halten wie ihr Gemahl, sie hat aber den Beisatz „Frau". Für gemeinschaftliche Visiten kann man auch gemeinschaftliche Karten führen, wie Rudolf W. W. Schulz und Frau. Adelige führen auf ihren Karten den Vornamen nicht. Freiherren, Barone und Grafen führen den Vornamen.

Visitenkarten für Abschiedsbesuche tragen unten in der linken Ecke die Buchstaben *p. p. c. (pour prendre congé)*[1] oder besser: u. A. z. n. (um Abschied zu nehmen).

Darfst du nach Anmeldung zum Besuch eintreten, so entledige dich deiner Überkleider, Schirme, Überschuhe und schlage — wenn du verschleierte

Dame bist — den Schleier zurück. Durchnäßte Kleider leg unaufgefordert ab. Die Herren nehmen den Hut mit ins Zimmer, nicht aber, wenn der Diener die Anweisung hat, ihn abzunehmen. Wird man im Zimmer gebeten, den Hut abzulegen, so legt man ihn auf den Boden neben oder unter den Stuhl. Auf einem Sopha nimmt ein Herr nie Platz, sondern er [18]nimmt den nächsten Stuhl. Wenn Herren oder Damen sich besuchen, so kann man auf besondere Einladung auf dem Sopha Platz nehmen. Eine Dame bietet einem Herrn nie das Sopha zum Sitzen an. Beim Besuche von Damen und Herren biete man den Damen das Sopha, den Herren Stühle an. Man sehe darauf, daß niemand einer andern Person den Rücken zukehrt.

Bei Festlichkeiten oder Besuchen hänge die Kleider nicht an die Tür oder ans Fenster. Tritt man ins Empfangszimmer, so mache man die Tür geräuschlos zu. Damen legen den Hut nur ab, wenn sie aufgefordert werden. Ist die Tür offen, durch welche man eintritt, bleibt man zwei Schritte vor derselben stehen, macht eine Verneigung, wenn die besuchte Person einem entgegenkommt, und tritt dann erst ein. Ist die Tür geschlossen, so öffnet sie der Einführende, wenn ein solcher da ist, und komplimentiert. Wird man ersucht, Platz zu nehmen, so hat dies sofort mit großer Sicherheit zu erfolgen. Setze dich nicht auf den Rand des Stuhles. Lehne dich nicht an, wenn der Stuhl auch Lehnstuhl ist. Wenn ein zweiter Besuch ins Zimmer tritt, hat der Zuerstgekommene sich zu erheben; er setze sich nicht früher nieder, bis er darum gebeten wird oder bis die gegenseitige Vorstellung stattgefunden hat. Alles steht auf, wenn eine Dame eintritt. Wenn ein Herr eintritt, so stehen bloß die Herren auf, ausgenommen, es kommen bejahrte oder hochgestellte Damen und Herren. Sind mehrere Personen im Zimmer, so sprich nicht bloß mit ein und derselben, sondern womöglich mit allen, vorzüglich mit älteren. Laß andere reden, ohne sie zu unterbrechen. Behandle deine Gäste gleichmäßig liebenswürdig, gib keinem einen besonderen Vorzug; dies gilt besonders, wenn man zwei Besucher gleichzeitig empfängt. Den zuerst weggehenden Besucher begleite nur bis zur Tür des Empfangszimmers, damit du die andern Herrschaften nicht allein lassen mußt.

[19]Die Dauer einer Visite darf höchstens zehn bis fünfzehn Minuten sein, wenn man nicht aufgefordert wird, länger zu bleiben. Auch erhebt man sich alsbald, wenn man fühlt, daß das Gespräch stocken will. Man berühre dann keinen neuen Gesprächsgegenstand, am wenigsten Vorgesetzten gegenüber. Höhergestellte entlassen oft durch fein angedeutete Worte ihren Besuch. Als Andeutungen dieser Art hat man Bemerkungen aufzufassen, wie „Ich darf Sie nicht länger aufhalten“ oder „Bei Ihrer knapp bemessenen Zeit“ und dergleichen.

Kommt ein zweiter Besucher, so erhebe dich nach einigen Minuten zum Gehen. Muß man aus Pflicht seinem Besuch die Mitteilung machen, seine

Anwesenheit nicht länger mehr genießen zu können, so ladet man ihn ein, seinen Besuch baldigst zu wiederholen, und gibt eine Stunde an, da er länger verweilen kann. Drücke auch stets dein Bedauern aus, daß dein Besuch schon geht, so daß er die Überzeugung gewinnt, er sei angenehm gewesen. Beim Eintreten ins Zimmer wie beim Austreten aus demselben achte darauf, daß du niemandem den Rücken bietest. Der Scheidende öffnet die Tür beim Gehen. Das Gegenteil wäre eine Beleidigung für den Gast. Begleitet man den Gast bis vor die Tür, so soll man die Zimmertür öffnen, sobald der Gast dieses tun will. Beim Anziehen der Garderobe im Vorzimmer sei behilflich, wenn es passend ist. Bei Einladung zu Tisch muß man sehr präzis kommen.

Sollte man bei Visite ein Gespräch unterbrechen, wie dies notwendig wird etwa beim Anzünden der Lampe, beim Herbeiholen von Gegenständen usw., so hat man sich zu entschuldigen. Bei einfachen geschäftlichen Besuchen hat man nach Verbeugung und Gruß sich zu entschuldigen für die eventuelle Störung, worauf dir der Besuchte bedeutet, daß du nicht störst. Wenn du dich nicht anmelden konntest mit deiner Visitenkarte, so stelle dich nur vor, wenn man dich nicht schon nach deinem Namen fragte. Der[20] Besuchte wird seine Freude aussprechen, daß er dich kennen lernt, und dich fragen, womit er dir dienen kann. Er wird dich dann einladen, Platz zu nehmen, wenn die Angelegenheit, in welcher du gekommen bist, es notwendig macht, d. h. wenn eine längere Verhandlung in Aussicht steht.

Mit einer freundlichen Verbeugung nimm Platz. Der Einladende wird dich beehren und sich links von dir niederlassen. Der Platz, den du einem Besuchenden anbietest, sei immer so, daß der Besucher beim Eintreten einer Person sich nicht umdrehen muß, um dieser gegenüber zu stehen. Gilt der Besuch einer nicht anwesenden Person, so sprich dein Bedauern aus, daß sie den Besuchenden nicht empfangen kann. Läßt sich aber der Abwesende herbeiholen, so biete einen Stuhl an und gib dem Besuch eine kleine Unterhaltung, wie ein Buch zum Lesen oder eine Zeitschrift mit Bildern zum Ansehen.

Kinder gehören nicht ins Empfangszimmer. Bringt der Besuch Kinder mit, so empfange diese mit der gleichen Freundlichkeit wie die Mutter; denn meist wird eine Zurücksetzung der Kinder weit schmerzlicher empfunden, als wenn sie die Eltern selbst betrifft. Das Besuchskleid wähle den Verhältnissen angepaßt — ja nicht prahlerisch vornehm! Das Empfangskleid sei einfach. Dies ist der Beweis, daß die Hausfrau ihre Gäste zu achten weiß. Die Hausfrau selbst führt nie die Unterhaltung allein, sondern sucht durch geschickte Wendungen sie zu einer allgemeinen zu machen, um die Vorzüge und Achtung ihrer Gäste in das beste Licht zu setzen.

Empfängt man einen Besuch im Familienzimmer, so ist von den Anwesenden jede Beschäftigung auf die Seite zu legen. Mit den Händen spielen, ist ein Zeichen von Befangenheit oder Langeweile, und ist deshalb zu unterlassen. Erhebt sich der Besuch, so sagt man: „Sie gehen schon?“ oder: „Möchten Sie nicht noch einen Augenblick verweilen?“

[21]Damenbesuch wird stets von den Damen bis zur Tür begleitet, wenn noch andere Personen gegenwärtig sind. Ist die besuchende Dame jedoch der einzige Besuch gewesen, so begleitet man sie zum Zimmer hinaus. Die jüngeren Familienmitglieder haben beim Anlegen des Mantels usw. zur Hand zu gehen, wenn dies nicht einem Dienenden besonders aufgetragen sein sollte, wie es in vornehmeren Familien gebräuchlich ist. Da fällt dann auch das Hinausbegleiten fort. Auch muß die Bedienung angewiesen sein, die Haus- und Flurtür für den fortgehenden Besuch zu öffnen und nicht eher wieder zu schließen, bis dieser außer Hörweite ist.

Bei solchen kurzen Besuchen bietet man keine Erfrischung an, es sei denn, daß man besonderen Grund hat, etwa wenn man beim Besuchenden Ermüdung vermutet. Auch fordert man nicht zum Ablegen von Kleidungsstücken auf. Handelt es sich mehr um freundschaftlichen Besuch von längerer Dauer, so ist es Pflicht der Hausdame, alles aufzubieten, um es dem Besuchenden behaglich zu machen. Zu längeren Besuchen muß man persönlich oder schriftlich eingeladen sein. Bei Morgenbesuchen bietet die Dame des Hauses der besuchenden Dame den Ehrenplatz auf dem Sopha an, sie selbst hat den andern Sophaplatz inne. Etwaige Begleiter(innen) nehmen die Stühle links und rechts des Sophas ein. Einen Bekannten, der von ferne herkommt, fragt man nach der Reise, ehe man sich nach der Gesundheit der von ihm in der Heimat zurückgelassenen Familie erkundigt. Im Vorzimmer steht ein Garderobeständer, ein Stuhl mit Schuhzieher, ein Spiegel, ein kleiner Teller mit Haar- und Stecknadeln, ein Schuhanzieher und ein kleines Tischchen mit Visitenkartenteller.

Einladungen sende man nicht als Drucksache, sondern betrachte sie als familiäre Mitteilung. In diesen Einladungen bedient man sich der kürzesten Form, z. B. bei einer Einladung zu einem Ball:

[22]

P. Hoffmann und Frau beehren sich, Herrn Julius B. nebst Frau Gemahlin und Fräulein Tochter auf Sonnabend, den 26. d. Mts., um 9 Uhr, zum Tee mit Tanz ergebenst einzuladen.

Oder auch:

Herr Baron D.... und Frau Baron D.... werden gebeten, unsern am 26. d. Mts. stattfindenden Ball mit ihrer Gegenwart beehren zu wollen.

A. B. von Z. und Frau.

Der gute Ton erfordert, auf jede Einladung zu antworten, zusagend oder ablehnend. Neuerdings kommen für weniger formelle Einladungen zierliche Briefblätter in Gebrauch von folgender Fassung:

Paul Ehrenstein und Frau beehren sich,
Herrn Professor Zittelmann und Frau Gemahlin
zum Musikabend
am Freitag den 6. Januar
freundschaftlichst einzuladen. Gefl. 8 Uhr.

Pariser Straße 14.

U. A. w. g.

Eine Einladung auf Postkarte darf man bloß den jüngeren Verwandten zusenden. Wer ein Haus macht, muß, wenn er zu einem Mittagsmahl geladen war, auch seinerseits ein Mittagsmahl geben. Alleinstehende Damen oder Herren, die kein Haus machen, erwidern, wie folgt: Herren können Herren zu einem Frühstück, Damen die Damen zu einem Tee einladen oder sich bei Festlichkeiten revanchieren. Es sei besonders betont, daß man durch seine Einladungen womöglich gleichgebildete Menschen zusammenzuführen sucht.

Hausbesuch, Verhältnis zwischen Wirt und Gast, Trinkgelder, Dienstboten.

Ladest du einen Freund als Gast ein, so laß es an nichts fehlen, denn es nimmt alle Stimmung, wenn der Gast etwas vermißt. Als Gast halte dich nicht zu lange[23] auf. Hast du Gäste, so sorge für Unterhaltung, mache Spaziergänge usw. Wenn du als Gast erscheinen willst, so melde dich immer vorher an; unangemeldete Besuche sind nicht Sitte, es könnte ja sein, daß bereits Besuch eingetroffen oder irgend Jemand krank wäre. Macht man irgendwo einen längeren Besuch, so muß man sich den Verhältnissen der Familie anpassen.

Geschenke bringt man dem Wirt und seinen Familiengliedern mit, Ansichten aus der Heimat und Eßwaren oder Spielzeug für die Kinder, aber keins, das Geräusch macht.

Findest du, daß du durch deinen Besuch große Umstände machst, reise bald wieder ab, aber nicht so plötzlich, daß es als Beleidigung empfunden wird.

Unterrichte dich über die Gewohnheiten deines Gastes, daß er sich behaglich fühle. Die eingeführten Gewohnheiten müssen unter Umständen geändert werden, wenn dein Gast eine hervorragende Stellung oder ein hohes Alter hat. Auch Gebrechen rechtfertigen eine Änderung. Kinder nimmt man nur auf besondere Einladung mit. Man lasse sie nie ohne Aufsicht.

Junge Mädchen, welche ihre Freundinnen besuchen, dürfen dort keine Vorschläge machen, welche besondere Ausgaben veranlassen würden, wie Theaterbesuche. Junge Mädchen, die auf Besuch sind, sollen womöglich behilflich sein im Haushalt und sich nützlich zu machen suchen. Nichts kann ja für ein junges Mädchen empfehlender sein, als wenn von seiten der Eltern ihrer Freundin um Verlängerung des Aufenthalts gebeten wird und alle schließlich voneinander Abschied nehmen mit dem Wunsch, recht bald wieder zusammen leben zu können.

Junge Herren haben auch ähnliche Pflichten; besonders den Herrn des Hauses zu unterhalten, in seiner freien Zeit mit ihm Schach u. dergl. zu spielen, und die Zeitung vorzulesen. Am Abend wird der Vorschlag, sich zurückzuziehen,[24] von den Gästen ausgehen. Man nimmt hierbei Rücksichten auf den Wirt und seine Gewohnheiten. Bist du abgereist, so bedanke dich zeitig noch schriftlich bei deinem Wirt für die freundliche Aufnahme. Hat man dir Dienste geleistet, so gib dem Personal ein Trinkgeld.

Hat man Dienstboten, so behandle man diese anständig, spreche einen Tadel ruhig und gelassen und nicht in Gegenwart dritter Personen aus; werfe ihnen auch ihre untergeordnete Stellung nie vor. In Gegenwart von Dienstboten sollen keine Familienangelegenheiten besprochen werden.

Wer seine Dienstboten von Anfang an daran gewöhnt, nie ein Zimmer zu betreten, ohne vorher anzuklopfen, oder außer dem „Ja“ und „Nein“ noch mit der üblichen Anrede zu antworten, der wird auch in manch anderer Beziehung nicht über unhöfliches Betragen zu klagen haben. Dienstboten dürfen sich nicht erlauben, ankommenden Besuch auffallend zu begrüßen (grüßen sollen sie natürlich jedermann, der im Hause verkehrt), noch weniger ein Gespräch anzufangen. Die Kinder sollen die Dienstboten mit „Sie“ anreden. Im Gespräch darf man niemals die Angehörigen mit dem Vornamen nennen oder Fremde ohne den ihnen gebührenden Titel.

Bei Tisch sind folgende Regeln zu beobachten: Das Hinreichen geschieht mit dem linken Arm von der linken Seite des Gastes. Das Fortnehmen geschieht mit der rechten Hand, welche das Geschirr auf das Brett stellt, das in der linken Hand ist. Beim Anbieten wird nichts gesprochen, höchstens etwa: „Bitte, versehen Sie sich."

Bei Tafel.

Bei der Tafel kann man aus dem Benehmen des einzelnen Gastes am besten den Grad seiner Bildung beurteilen. Wird eine größere Gesellschaft zur Tafel geladen, [25]so werden die Herrschaften im Empfangszimmer zuerst vom Herrn des Hauses begrüßt. Dieser bietet ihnen den Arm und führt sie zu seiner Gemahlin. Diese hat die Gäste nun zu begrüßen und den Willkommengruß des Hauses zu bieten, dann die Gäste gegenseitig einander vorzustellen, soweit sie sich noch nicht kennen. Womöglich sollten hierbei alle Gäste anwesend sein. Die Hausfrau soll für eine gemütlich-heitere Stimmung sorgen.

Erwartet man Besuche, so hat man besondere Toilette zu machen. Diese sei einfacher als die der Gäste. Ein Schürzchen darf die Frau des Hauses nur dann anlegen, wenn sie die Gäste selbst bedient.

Auch das Dienstpersonal muß sauber gekleidet sein. Unterhalte deine Gäste so lange gut, bis alle anwesend sind. Sei selber pünktlich im Einhalten der Zeit. Bist du abgehalten, bei Tafel zu erscheinen, so entschuldige dich zeitig. Hat ein Gast eine größere Verspätung, so beginnt man ohne ihn die Tafel.

Sind alle Gäste im Vor- oder Nebenzimmer versammelt und ist die Tafel in jeder Beziehung vorbereitet, so pflegt die Hausfrau den ältesten oder angesehensten Herrn der Gesellschaft um seinen Arm zu bitten. Sie darf dieses ohne weiteres tun. Sie sagt etwa: „Herr X, würden Sie die Güte haben, mir Ihren Arm zu reichen?“ Der Herr des Hauses führt ebenso die angesehenste Dame zu Tisch. Dies ist das Zeichen, daß die übrigen Herren die anwesenden Damen engagieren und zu Tisch führen. Die jüngeren warten, bis die älteren ihre Wahl getroffen haben. Der Herr des Hauses geht mit der angesehensten Dame voraus. Die Frau beschließt mit dem angesehensten Herrn den Zug. Jeder Herr ist nun der von ihm geführten Dame behilflich, im Speisesaal ihren durch Namenkarte bezeichneten Platz aufzufinden. Er verabschiedet sich dann von ihr mit einer Verbeugung und sucht seinen Platz auf. Nimmt er Platz, so hat er sich nach beiden[26] Seiten hin gegen seine Nachbarn zu verbeugen und sie mit einigen höflichen Worten zu begrüßen. Der Hausherr und die Hausfrau sitzen gewöhnlich in der Mitte der Tafel und zwar einander gegenüber. Die Plätze in ihrer Nähe gelten als die Ehrenplätze. Den Wünschen einzelner muß hier Rechnung getragen sein in Betreff der Zusammenstellung der Paare und in der Verteilung der Plätze. Es ist aber auch zu beachten die gesellschaftliche Stellung der Gäste, der Bildungsgrad und das Alter usw. Einwendungen gegen die Tafelordnung zu machen, ist unpassend. Bei bürgerlichem Tisch ist es Sitte, daß ein einzelner Gast neben der Dame des Hauses seinen Platz erhält. Ist der Gast eine Dame, so sitzt sie rechts vom Hausherrn. Sind die

Plätze nicht durch Karten bezeichnet, so sollen jüngere Gäste warten, bis die älteren Platz genommen haben. Viel Aufmerksamkeit erfordert das Servieren. Es hat stets von links zu geschehen. Bei Gasttafeln mit strengem Zeremoniell pflegt man immer erst die Damen rechts von der Hausfrau, dann die rechts von dem Hausherrn, dann die links von der Hausfrau usw. zu bedienen. Nach den Damen kommen dann erst die Herren. Die Gastgeber selbst werden immer zuletzt bedient. Bei Mahlzeiten mit weniger peinlichem Zeremoniell werden die Gerichte den Gästen der Reihe nach serviert; oder die Gerichte werden an einem Ende der Tafel aufgestellt und dann von den Gästen selbst weitergegeben. Dieses Herumreichen der Speisen ist für besonders lebhafte Personen oft ein heikles Geschäft. Diese haben doppelt nötig, sich Strenge aufzuerlegen, vorsichtig zu sein und besonders auf sich zu achten. In kleinen Kreisen sagt man etwa: „Gesegnete Mahlzeit!" oder „Wünsche wohl zu speisen!" aber nicht nur: „Mahlzeit!"

Die Handschuhe werden abgelegt und eingesteckt, ehe man die Serviette anlegt. Sie werden auch nicht viel früher[27] wieder angezogen, als bis die Frau des Hauses sich anschickt, die Tafel aufzuheben.

Mit der Serviette putze nicht das Besteck nach oder den Teller ab. Es wäre dies für die Hausfrau eine grobe Beleidigung. In Gasthöfen ist es jedoch ratsam, nach dem Besteck zu sehen. Dort kann sich auch jeder die Serviette anlegen, wie es ihm beliebt. Aber in privater Gesellschaft wäre dies taktlos. Die Serviette falte man auseinander und lege sie auf den Schoß bis zum Knie oder bloß auf dasselbe. Nach dem Gebrauch lege sie links zur Seite, ohne sie zusammenzufalten. Bei einfachem bürgerlichem Tisch und in Gasthäusern ziehe die Serviette durch den beigelegten Ring. Das beigelegte Brötchen berühre nicht vor dem Essen. Bei größerer Tafel wartet man mit dem Beginn des Speisens nicht, bis alle bedient sind. Wenn bei kleinen Tafeln die Frau des Hauses selbst bedient, wartet man bis zum allgemeinen Anfang. Das Besteck nimm nicht eher zur Hand, als bis ein Gang serviert ist! Trommle nicht auf dem Teller oder auf den Stuhllehnen der Nachbarn mit den Fingern! Berühre nicht mit den Füßen die Stuhlfüße der Nächstsitzenden! Von links her wird bedient. Wird ein Gericht von den Gästen weitergegeben, so gib es so, daß dein Tischnachbar es bequem angreifen kann. Ist die Platte heiß, so mache darauf aufmerksam. Der Herr hält so lange die Schüssel, bis die Dame sich bedient hat. Die Dame gibt die Schüssel dann weiter. Schüsseln, welche zu voll sind, dürfen nicht auf den Tisch kommen. Das Überreichen eines spitzen oder scharfen Gegenstandes geschehe so, daß der andere sich nicht verletzen kann. Man bediene sich eines Tellers. Beim Präsentieren der Brotkörbchen, der Fruchtschalen, eines Glases Wassers, einer Tasse Kaffee oder Tee benütze stets einen Teller. Die besten Stücke einem bestimmten Gast auszulesen und vorzulegen ist nicht liebenswürdig und anständig. Auch du selber[28] sollst dies beim Herumreichen der Speisen nicht tun. Sei bescheiden auch im Quantum der Speisen. Sei also nicht von denen, die denken:

> Bescheidenheit, Bescheidenheit,
> Verlaß mich nicht bei Tische
> Und gib, daß ich zu jeder Zeit
> Das größte Stück erwische!

Denke nicht etwa, daß Kaviar Gemüse sei, du könntest sonst ausgespottet werden! Sei aber auch nicht gar zu bescheiden und schneide nicht auf der Platte, welche dir präsentiert wird, Stückchen ab. Mache dir zur Regel: Speise geräuschlos und sprich dabei bloß, was unbedingt notwendig ist, auch dies nie zu laut. Während man kaut, spricht man gar nicht. Halte den Mund zusammen und bewege die Lippen geräuschlos. Sieh dich nicht in auffallender Weise oft nach rechts und links um. Geht es bei Tisch eng her, so sei bescheiden im Beanspruchen von Platz. Lege die Arme nicht auf den Tisch. Mache nicht zu große Ansprüche und wünsche nicht alle Augenblicke etwas anderes. Die Gabel führe mit der linken, das Messer mit der rechten Hand. Mit dem Messer wird nur geschnitten, nicht gespeist. Das Brot wird gebrochen. Das Auftauchen der Sauce mit Brot ist recht unpassend. Schneide bloß so viel ab, als du eben genießen willst. Nach dem Gebrauch lege Messer und Gabel nicht auf das Tischtuch, sondern auf den Teller. Bei bürgerlichem Tisch werden sie auf das Messerbänkchen zur weiteren Benützung gelegt.

Fische speist man in Ermangelung des Fischbestecks mit der Gabel und einer Brotkruste. Nimm das Brot in die linke Hand und halte den Fisch fest, während du das Fleisch ablöst, schiebe es dann mit Hilfe des Brotes auf die Gabel. Grüne Erbsen speist man auch mit Brot und Gabel. Klöße, Eierkuchen und Kartoffeln zerteilt man mit der Gabel, nicht mit dem Messer. Knochen vom[29] Wildbret oder Geflügel darf man nicht mit den Zähnen abnagen. Äpfel und Birnen zerteilt man und schält sie von der Blüte nach dem Stiel. Beim Zerlegen von Apfelsinen (Orangen) sei vorsichtig. Nüsse öffne mit dem Messer. Beim Kirschenessen nimmt man einen Kaffeelöffel zum Aufnehmen der Steine, um sie dann auf die Seite des Tellers zu legen. Werden Kartoffeln in der Schale vorgesetzt, so stellt man kleine Drahtkörbchen für die Schalen auf. Man hält beim Schälen die Kartoffeln an der Gabel. Es sei noch bemerkt, daß man beim Speisen von kleinen Fischen am Schwanzende beginnt und die obere Seite ablöst. Darauf wendet man den Fisch um und behandelt die andere Seite ebenso. Der Löffel liegt beim Speisen auf der Hand. Hierbei führt man die Spitze — nicht die Breitseite — zum Munde. Ist die Suppe heiß, so wartet man, bis sie abgekühlt ist, bläst aber nicht in dieselbe. Die Speisen darf man ohne einen Besteckteil nicht anfassen. Für Überreste: Knöchelchen, Gräten, Schalen usw. sei immer ein kleiner Teller oder ein Körbchen aufgestellt.

Wenn man speist, halte man den Körper so, daß er etwas über den Teller geneigt ist. Vermeide alles, was dir von andern unangenehm sein könnte. Die Gemüse speise mit der Gabel, nicht mit dem Löffel. Diesen benützt man bloß zur Suppe. Das Besteck darf nur zum eigenen Gebrauch dienen. Bei allen angebotenen Platten und Schüsseln muß das nötige Besteck sein. Man verwechsle aber nicht das seine mit diesem. Für Obst sind besondere Messer aufgestellt oder aufgelegt. Gibt es Hummer, so serviert man dazu Hummergabel und Scheere. Sind bei den Gewürzen keine kleinen Löffelchen, so benütze zum Nehmen das Messer, wenn du Bedürfnis hast, nie aber die Finger. Das Huhn oder die Taube tranchiert man mittels Querschnitt. Erkundige dich ab und zu bei einer Dame über die Güte der Speisen und nach ihren Wünschen, aber[30] immer bescheiden. Hat man gespeist, so rückt man mit dem Stuhle etwas zurück. Es ist heutzutage weder Sitte, einen sogenannten Anstandsbissen liegen zu lassen, noch auch den Teller mit Brot rein zu putzen. Dem Wein sprich nicht eher zu, als bis hierzu eingeladen worden ist, denn es wird oft nach der Suppe besonderer Wein gereicht. Versorge deinen Nachbar mit Wein, daß kein Mangel ist. Scherzhafterweise zum Trinken zureden, ist gestattet, aber das Nötigen dazu ist taktlos.

Erkundige dich vorher nach der Sorte, welche dein Nachbar gern trinkt — weiß oder rot —, ehe du ihn bedienst. Beim Eingießen gib erst dir ein wenig, dann deinem Nachbar. Gieße das Glas nie voll bis zum Rande, es ist unanständig. Dem rechten Nachbar gießt man mit der linken, dem linken mit der rechten Hand ein. Die Flasche faßt man so, daß der Daumen sich an der unteren Seite befindet. Der Wein darf nicht von hoch herab eingegossen werden, am allerwenigsten der Champagner, auch läßt man diesen nicht knallen. Es unterbleibt besonders aus Rücksicht gegen nervenschwache Damen. Beim Anstoßen bringe man den Rand des Glases dem Rand des andern nahe und sehe dann demjenigen, mit dem man anstößt, ins Gesicht (Augen). Fasse das Glas unten. Sind verschiedene Gläser aufgestellt, ein kleines und ein großes für ein Paar, so ist für die Dame das kleine, für den Herrn das größere bestimmt. Aus grünen Gläsern trinkt man Rheinwein, den Champagner aus Champagnerkelchen. Sherry wird aus kleinen farblosen Gläsern getrunken. Das Weinglas setze etwas vom Teller zurück, daß es nicht umgestoßen werde. Man stoße nicht zu viel und nicht zu laut an, auch lasse man sich nicht zu oft auffordern. Wird Wein von Dienern herumgereicht, so muß jeder Herr denjenigen Damen Wein anbieten, die ihm näher sitzen als einem andern Herrn.

Toaste ausbringen ist ein alter Brauch und bringt[31] Leben in die Gesellschaft. Die richtige Reihenfolge ist hier zu beobachten. Damen bringen selten Toaste aus.

Wird das Zeichen zu einem Toaste gegeben, so hat alles zu schweigen. Ist ein Toast einer einzelnen Person gebracht, so geht man nachher zu ihr hin und stößt mit den Gläsern an. Dies ist nur aber in kleiner Gesellschaft üblich.

Den ersten Toast bringe auf deine Gäste aus und danke ihnen für ihr Erscheinen. Die Rede soll kurz sein, denn „Kürze ist der Rede Würze". Während man spricht, ruhen die Hände. Diejenige Person, die eine Rede halten will, muß dies können, ohne sie abzulesen. Auswendig gelernte oder gar abgeschriebene Reden haben keine Würze.

Halte in Gesellschaft keine Kritik über die Tafel und über die Reden. Sollte dir das Unangenehme passieren, daß sich etwa ein Haar, eine Fliege oder sonst etwas Ungehöriges in der Suppe befindet, so sei still und laß dir nichts anmerken. Das Essen kannst du ja stehen lassen, aber verdirb deinen Nachbarn nicht auch den Appetit. Erkundige dich nicht über den Preis der Weine. Sprich nicht mit Personen, welche zu weit von dir wegsitzen; führe auch kein Kreuzgespräch!

Das Werfen mit Brotkügelchen ist taktlos, wie auch das Schnellen mit Kirschkernen. Tafelmusik ist nur bei großer Gesellschaft zu empfehlen. Hat man gespeist, so zieht man die Handschuhe an, während man sich noch etwas unterhält, um zum allgemeinen Aufbruch fertig zu sein.

Den Zahnstocher gebraucht man, indem man die Hand vor den Mund hält und die Operation vollzieht. Bei Tisch soll dies nicht geschehen. Stochere nie mit der Gabel in den Zähnen, das ist sehr unanständig, ja ekelhaft! Das Ausspülen des Mundes hilft leicht ab.

In vielen Häusern ist es Sitte, nach dem Essen kleine, farbige Glasschalen und einen Glasbecher mit lauem Wasser,[32] etwas mit Pfeffermünze gemischt, den Gästen vorzustellen. Dies ist zweckmäßig und angenehm, aber nicht schön. Ist es dir zuwider, so unterlaß die Benützung.

Die Frau des Hauses hebt die Tafel auf, denn ihr steht allein das Recht zu. Es würde einem Gaste sehr übel anstehen, wenn er sich vorher von der Tafel erheben wollte, wohl gar mit dem familiären Segensspruch: „Gesegnete Mahlzeit!" Das ist lediglich Sache der Dame des Hauses. Sie benützt einen schicklichen Augenblick nach Beendigung der Mahlzeit, vielleicht eine momentane Stockung des allgemeinen Gesprächs, erhebt sich von ihrem Platze und macht ihren Nachbarn rechts und links eine Verbeugung. Damit ist das Signal zum allgemeinen Erheben gegeben. Der erwähnte familiäre Segensspruch ist schon lange nicht mehr üblich. Wenn er aber trotzdem hier und da noch angewendet wird, so ist das gerade auch kein großer Fehler. Jeder Herr hat, nachdem er sich nach beiden Seiten hin mit einigen höflichen Worten verbeugt hat, die Pflicht, daß er die ihm zur rechten Hand sitzende Dame in den Salon zurückführt, sich hier von ihr mit einer Verbeugung verabschiedet und dann die Hausfrau aufsucht, um ihr einige verbindliche Worte zu sagen. Sollte letzteres unmöglich sein, weil die Dame gerade zu sehr umlagert ist, so kann er es auch ruhig unterlassen; übel genommen wird ihm dies in keinem Fall, und einer nachträglichen Entschuldigung bedarf es auch nicht.

Sollten nach Schluß des Mahles Zigarren gereicht werden, so sind diese erst anzuzünden, nachdem die Damen in den Salon zurückgeführt worden sind, um dort Kaffee einzunehmen. Junge Mädchen tun gut, wenn sie äußerst vorsichtig beim Wein sind und sich lieber an dem nachfolgenden Kaffee, der im Gesellschaftszimmer gereicht wird, beteiligen. Daß ihnen Liköre unbedingt verboten sind, ist selbstverständlich.

[33]Ist kein Rauchzimmer vorhanden, so sollte man einen Raum dazu einrichten.

Beim Morgenkaffeetisch erscheine alles sauber und geglättet, gewaschen, gekämmt! Nichts macht einen übleren Eindruck, als wenn man ungewaschene Finger und Hände, struppiges Haar, vernachlässigte Kleidung während des Speisens zeigt. Den Kindern wird von der Mutter das Kaffeegebäck ausgeteilt, damit ja kein Streit bei Tisch entstehe. Den Kaffee kühle nicht durch Hineinblasen ab. Das Umgießen in den Untersatz der Tasse ist aber geradezu unschicklich. Das Gebäck darf man nicht in den Kaffee eintauchen oder einbrocken, man führt es mit der linken Hand zum Munde. Kleinen Kindern ist das Einbrocken erlaubt. Das Brot lege immer auf die untere, flache Seite. Trinkt man den Tee aus der Tasse, so halte man die Untertasse mit der linken Hand unter.

Einladung zur Tafel.

Wird man zur Tafel eingeladen, so entsteht die Pflicht, sich später hierfür zu revanchieren, wenn man die geeigneten Räumlichkeiten zum Abhalten einer Gesellschaftstafel hat. Einzelstehende Personen revanchieren sich hierfür bei Familienfestlichkeiten durch Überreichen eines Geschenks. Erscheine zur Tafel stets pünktlich. Bist du abgehalten, so teile dein Fernbleiben unter dem Ausdruck des Bedauerns sofort mit. Den Grund hierfür anzugeben ist nicht nötig. Eine Verfehlung hiergegen würde wohl als Verzicht auf spätere Einladung in diesem Kreise angesehen. Das Erscheinen wird nicht angezeigt. Bin ich zu einer Familienfestlichkeit nicht geladen, so darf ich es nicht übel nehmen, sondern ich muß denken, daß eben nur die vertrautesten Freunde des Hauses geladen sind, zu denen ich noch nicht gehöre.

[34]Auf der Einladungskarte schreibt man statt der Bemerkung „U. A. w. g.“, d. h. „Um Antwort wird gebeten“ diesen Passus lieber ganz aus, um jede Mißdeutung oder jedes Übersehen auszuschließen. — Lade nie

einen Gast zu dem Zweck, daß dieser durch seine künstlerischen Vorträge die Gesellschaft unterhalten soll, da dieses im Grunde genommen als eine Beleidigung des Künstlers angesehen werden kann. Auch wäre der Spott auf deiner Seite, wenn du mit diesem Antrag abgewiesen würdest. Deine Einladung fasse kurz:

> Berlin, den 28. Juli.
>
> Die Unterzeichneten beehren sich, Herrn und Frau B. für Mittwoch, den 1. August, nachmittags 5 Uhr, zu einem einfachen Kaffee und Abendessen ganz ergebenst einzuladen.
>
> Heinrich A. und Frau.

Oder:

> Berlin, den 1. Februar.
>
> Herr und Frau B. werden freundlichst gebeten, nebst Frl. Töchtern den am 10. d. Mts. in unsern Wohnräumen stattfindenden Familienball mit ihrer Gegenwart beehren zu wollen. Beginn des Vergnügens abends 8 Uhr.
>
> Heinrich A. und Frau.

Diese kurze Form der Einladung ist für alle vorkommenden Fälle vollkommen genügend. Sie sagt dem Eingeladenen in höflicher und bündigster Weise alles, was er zu wissen nötig hat. Für eine größere Mittags- oder Abendtafel wird aus den vorher erläuterten Gründen links unten noch das U. A. w. g. (oder der genannte Satz) hinzugefügt. Dies zu tun bleibt jedem natürlich auch bei andern Einladungen unbenommen, sobald er wünscht, daß die Anzahl der Gäste zuvor schon wenigstens annähernd bestimmt sein möchte. Diese Einladung soll geschrieben sein, höchstens bei großer Anzahl der Gäste ist sie gedruckt.[35] Den Zweck, Ort und Zeit hinzuzufügen sei dir überlassen. Bei der Versendung verwende einen Dienstboten, in größeren Städten die Post. Sind gedruckte Formulare verwendet worden, so müssen die Briefe auch geschlossen sein.

Die große Gasttafel.

Die Bezeichnungen Diner, das Mittagsbrot, Souper, das Abendbrot, führt man bloß bei festlichen Veranstaltungen. Das, was du deinen Gästen bietest, passe deinen Verhältnissen an, um üblen Nachreden zu entgehen. Bei einem kleinen Diner oder Souper wählt man einen runden oder ovalen Tisch, bei größeren die Tafel oder einige Tafeln in Hufeisenform gestellt.

Die Stühle werden, wenn der Tisch gedeckt wird, zur Seite gestellt, daß man freie Wandelgänge hat, um zu decken.

Das Tischtuch wird zuerst aufgelegt. Hierbei ist zu beachten, daß es gleichmäßig an allen Seiten herabhängt; der Längsbruch sei genau in der Mitte, und nach oben liegt stets der erste Seitenbruch auf der Kante des Tisches.

Das Monogramm ist rechts außen. Muß man mehrere Tischtücher benützen, so legt man auf die Stelle, wo sie sich berühren, eine Serviette. Noch feiner sind seidene Läufer. An den Ecken raffe man es in zierliche Falten. Man kann dies auch an der Länge des Tischtuches fortsetzen und dann an diesen Raffungen Schleifen oder Bouquets befestigen. Eine Friesdecke unter das Tischtuch zu legen, ist sehr zu empfehlen, damit das Klappern der Geschirre gedämpft werde. Das Aufstellen kleiner Vasen mit frischen Blumen als Dekoration ist empfehlenswert. Große Blumensträuße und -stöcke sind hierzu unpraktisch, [36]weil sie die Aussicht versperren. Menu und Weinkarten stelle auf oder lege sie unter den Teller. Tafelaufsätze mit Obst sind auch ein sehr schöner Tafelschmuck, ebenso verschiedenes Weingelee und Baumkuchen. Auch Flaschen mit Wasser werden aufgestellt, man rechnet für vier Personen eine Literflasche. Feine Schlingpflanzen der Länge nach über den Tisch (Läufer) zu legen, ist sehr hübsch. Bei feiner Tafel liegt noch über dem Tischtuch in der Mitte desselben ein Läufer. Dieser ist von Kreppapier, in sehr feinen Häusern aber von Seide und gestickt. Beim einfachen Tisch werden die Teller aufgestellt, die frische Serviette in den Teller und der Serviettenring auf diese oder auf die rechte Seite des Tellers gelegt.

Tisch- und Menukarten sollen nie fehlen. Bei jedem zweiten Gedeck soll ein Salz- und Pfeffernäpfchen stehen. Ist die Suppe der erste Gang, so werden keine Teller aufgestellt, sondern nur die Serviette auf den Tisch gelegt, weil die Suppe eingeschöpft jedem Gast vorgesetzt wird.

Das Besteck liegt unmittelbar bei dem Teller und zwar rechts Messer, Löffel, Fischmesser. Die Gabel liegt mit den Zinken nach oben, ebenso zeigt der Löffel die Höhlung nach oben. Links liegt die Gabel. Oben quer liegt das Dessertbesteck. Über diesem liegt der Eis- oder Kompottlöffel. Die Weingläser stehen rechts oben vom Besteck, und die gebrauchten Gläser werden nach jedem Gang abgetragen. Angeboten wird von links, abgetragen von rechts.

Kompotte und Salat stehen fertig auf der Tafel. Das Dessert dient teilweise zum Schmuck der Tafel. Nur Butter und Käse sowie Eis werden später gereicht.

[37]

In Gesellschaft.

Alles bisher Gesagte vom Verkehr mit Damen gilt erst recht vom Verkehr mit ihnen in Gesellschaft. Doch hüte sich der Herr, durch zu großen Diensteifer einer Dame gegenüber diese ins Gerede zu bringen. Sein Benehmen sei vielmehr zu allen Damen von der gleichen Höflichkeit und rücksichtsvollen Liebenswürdigkeit. Die Dame aber sei stets trotz aller Liebenswürdigkeit von einer gewissen Zurückhaltung, so daß jede Vertraulichkeit ausgeschlossen bleibt. Das Benehmen eines Herrn einer Dame gegenüber richtet sich nach dem Benehmen der Dame selbst. Man erscheine pünktlich zur angegebenen Stunde, da man durch Zuspätkommen leicht in den Verdacht kommt, dadurch Aufsehen erregen zu wollen; außerdem ist es eine Rücksichtslosigkeit gegen alle Erschienenen.

Man bedenke stets, daß man nur ein Teil der Gesellschaft ist, und betrachte sich nicht als die Hauptperson.

Man sehe über kleine Versehen und Vorkommnisse ruhig hinweg und hüte sich, gar darüber zu sprechen oder sich die Verstimmung merken zu lassen.

Wird getanzt, ist es Pflicht eines jeden Herrn zu tanzen, solange noch Damen frei sind, da diese doch dazu geladen sind.

Herren, die herumstehen, statt zu tanzen, solange noch tanzlustige Damen vorhanden sind, beweisen, daß sie keine Lebensart besitzen.

Einer Dame, welche man zum Tanze auffordern will, muß man sich vorstellen lassen.

Bei öffentlichen Vergnügungen wie Reunions usw. kann sich der Herr selbst vorstellen; er nennt seinen Namen und verbeugt sich, hierauf nennt die Dame ihren Namen und verbeugt sich ebenfalls.

[38]Die Aufforderung geschieht etwa in der Form: „Darf ich um die Ehre bitten, mir den Walzer usw. zu bewilligen?“ Die Antwort wird lauten: „Sehr gern!“ oder „Ich bedaure sehr, aber ich habe diesen Tanz bereits vergeben.“ Weist eine Dame einen Tänzer ab, ohne vorher einem andern Herrn den Tanz zugesagt zu haben, so muß sie auf diesen Tanz völlig verzichten, da sie sich sonst Unannehmlichkeiten zuziehen kann. Während des Tanzes wolle man nicht sprechen, wenn man nicht weiß, ob es der Dame angenehm ist.

Zum Tanz wird eine Dame stets an der Hand geführt.

Das Engagieren geschieht durch gegenseitige Verneigung. Ist der Tanz beendet, so führt der Herr die Dame wieder auf ihren Platz, verbeugt sich vor ihr, geht einige Schritte, indem er ihr noch mit dem Gesicht zugewandt, zurück und begibt sich dann erst wieder zu der Gesellschaft.

Über das Rauchen.

Vor dem Betreten fremder Wohnungen versäume ein junger Herr nicht, die Zigarre abzulegen; selten wird ein Fensterbrett oder sonstiger Aufbewahrungsort auf dem Korridore fehlen, wo er sie deponieren kann. Vorsichtige Leute führen einen Zigarrentöter bei sich. Nur in vertrautem Kreise ist es gestattet, die Zigarre mit in das Zimmer zu bringen. Man vermeide überhaupt soviel als möglich, in Gesellschaft von Damen zu rauchen, jedenfalls versäume man nicht, zuerst um Erlaubnis zu bitten. Es ist wohl kaum nötig, die jungen Damen vor[39] einer fatalen, aus Frankreich zu uns gekommenen, aber glücklicherweise noch nicht eingebürgerten Sitte bei dieser Gelegenheit zu warnen. Wenn die Pariserinnen daran Gefallen finden, türkische und russische Zigaretten zu rauchen, so ist das kein Grund, daß auch unsere Damen diese Sitte oder Unsitte annehmen. Es macht einen höchst unbehaglichen und abstoßenden Eindruck auf den größten Teil nicht nur der Frauen, sondern auch der Männer, eine Dame rauchen zu sehen.

Jedem das Seine!

Kommandos der *Française.*

Dieselbe wird in Kolonnen-Aufstellung getanzt.

I. Tour. (*Pantalon.*)

Verbeugung.	Taktzahl.
Demi-chaine anglaise (Platzwechsel der Paare)	8
Balancé 4 mal oder *pas de baque* (Schwebeschritte)	4
Tour de main (umeinander herumtanzen)	4
Damen-*chaine* (Platzwechsel der Damen)	8
Promenade (paarweise Platzwechsel)	4
Demi-chaine anglaise (zurück auf den Platz)	4

II. Tour. (*Eté.*)

Herr 1 und Dame 2 zur Mitte vor und zurück	4
Chassé rechts und links (schrägrechts vor und zurück)	4
Traversé (Platzwechsel)	4
Chassé rechts und links	4
Retraversé mit *balancé* (zurück auf den Platz mit *balancé*)	4
Tour de main (umeinander herumtanzen)	4

III. Tour. (*Poule.*)

Traversé (Platzwechsel an der rechten Hand)	4
Retraversé (Platzwechsel an der rechten Hand)	4
[40]*Balancé en ligne* (Schwebeschritt zu Vieren)	4

Promenade (paarweise Platzwechsel)	4
Herr 1 und Dame 2 zur Mitte vor und zurück	4
Alle Herren vor Damen und Verbeugung oder *Dos-à-dos*	4
Alle zur Mitte vor und zurück	4
Chaine anglaise (zurück auf den Platz)	4

IV. Tour. (*Pastourelle.*)

1. Paar zur Mitte vor und zurück	4
Wieder vor, Dame zurück. Herr hinüber zu Paar 2	4
Triumphbogen: zweimal vor und zurück	8
Damen-Solo, *Ronde* links und Platzwechsel	8
Alle zur Mitte vor und zurück	4
Chaine anglaise (auf die Plätze)	4

V. Tour. (*Trénis.*)

1. Paar zur Mitte vor und zurück	4
Wieder vor, Herr zurück, Dame hinüber	4
Traversé (Platzwechsel Herr 1 mit Dame 2)	4
Retraversé (auf die Plätze zurück)	4
Chassé rechts und links mit *Balancé*	4
Tour de main (beide Hände)	4

VI. Tour. (*Finale.*)

Groise und Verbeugung nach rechts und links	8

Große *Promenade* (vorwärts und retour)		8
Balancé und *Tour de main* (rechte Hand)		8
II. Tour.	Herr 1 und Dame 2 zur Mitte vor und zurück	4
	Chassé rechts und links	4
	Traversé	4
	Chassé rechts und links	4
	Retraversé und *Balancé*	4
	Tour de main	4
Alle zur Mitte vor und zurück		4
Großer Stern vorwärts und zurück		16

[41]Diese Tour wird noch einmal wiederholt.
In Tour II beginnt 2. Herr und 1. Dame.

Zum Schluß.

Grande chaine (große *ronde*).

Quadrille à la cour.

Dieselbe wird in Karree-Aufstellung getanzt. Das erste Paar, nimmt man an, steht dem Orchester gegenüber.

I. Tour.

Verbeugungen.

Erster Herr und zweite Dame:

Zur Mitte vor und zurück.

Zur Mitte vor, Handtour rechts u. an d. Platz zurück.

Das erste Paar zieht durch das (geöffnete) zweite Paar.

Das zweite Paar zieht durch das (geöffnete) erste Paar.

Verbeugungen: Erst nach den Ecken, dann der Paare sich selbst.

Handtour rechts, Handtour links.

1. Wiederholung: Zweiter Herr und erste Dame beginnen.
2. Wiederholung: Dritter Herr und vierte Dame beginnen.
3. Wiederholung: Vierter Herr und dritte Dame beginnen.

II. Tour.

Verbeugungen.

Erstes Paar: Zur Mitte vor und zurück.

Die Dame tritt vor ihren Herrn.

Handtour rechts (ganz), Handtour links (halb) und

Nebenreihen des ersten und zweiten Paares neben das dritte und vierte Paar.

[42]

Alle: Zur Mitte vor und zurück.

Die Paare drehen sich (links hin) mit Handfassen an ihre Plätze.

1. Wiederholung: Das zweite Paar beginnt.
2. Wiederholung: Das dritte Paar beginnt.
3. Wiederholung: Das vierte Paar beginnt.

(Bei der 2. und 3. Wiederholung geschieht das Nebenreihen neben das zweite und erste Paar.)

III. Tour.

Verbeugungen.

Erster Herr und zweite Dame:

Zur Mitte vor und zurück.

Platzwechsel und tiefe Verbeugung.

Zurückkehren an den eigenen Platz.

Mühle der Damen, Handtour links mit dem Herrn gegenüber.

Mühle der Damen, Handtour links mit dem eigenen Herrn.

1. Wiederholung: Zweiter Herr und erste Dame beginnen.
2. Wiederholung: Dritter Herr und vierte Dame beginnen.
3. Wiederholung: Vierter Herr und dritte Dame beginnen.

IV. Tour.

Verbeugungen.

Das erste Paar geht:

Vor das dritte Paar, Runde nach links hin.

Vor das vierte Paar, Runde nach rechts hin.

Sämtliche Damen kreuzen vor ihrem Herrn nach links (der Herr tritt nach rechts).

Sämtliche Damen kreuzen vor ihrem Herrn nach rechts zurück (der Herr tritt nach links).

Alle Paare: Handtour rechts, Handtour links.

[43]

1. Wiederholung: Das zweite Paar beginnt und geht erst vor das vierte, dann vor das dritte Paar.
2. Wiederholung: Das dritte Paar beginnt und geht erst vor das zweite, dann vor das erste Paar.
3. Wiederholung: Das vierte Paar beginnt und geht erst vor das erste, dann vor das zweite Paar.

V. Tour.

Alle: Große Kette (links beginnend) bis zum Platze gegenüber (Verbeugung) und weiter bis an den eigenen Platz.

Das erste Paar schwenkt um, dahinter tritt das dritte Paar.

Hinter das dritte das vierte Paar. (Sämtliche Paare stehen jetzt hintereinander.)

Kreuzen der Damen (vor ihren Herren) nach links, gleichzeitig Kreuzen der Herren (hinter ihren Damen) nach rechts.

Wiegen. Kreuzen der Damen nach rechts, der Herren nach links.

Wiegen. Gegenzug (*Promenade*) die Damen rechts, die Herren links und Öffnen der Reihen mit Handfassen.

Alle: Zur Mitte vor und zurück.

Die Paare drehen sich mit Handfassen (nach links hin) an ihre Plätze.

1. Wiederholung: Nach der Kette schwenkt das zweite Paar um.
2. Wiederholung: Nach der Kette schwenkt das dritte Paar um.
3. Wiederholung: Nach der Kette schwenkt das vierte Paar um.

Das Ganze schließt mit der großen Kette.

(Die V. Tour wird meistens ohne vorherige Verbeugungen ausgeführt.)

Fußnote

[1] Ähnliche Abkürzungen sind: *p. f. (pour féliciter)*, um zu gratulieren; *p. c. (pour condoler)*, um Beileid zu bezeigen; *p. r. v. (pour rendre visite)*, um Besuch abzustatten.